DISCUSSION

SUR LE PROJET DE LOI

CONCERNANT LA PRESSE.

DISCUSSION

SUR LE PROJET DE LOI

Présenté à la Chambre des Députés,

Le 29 Décembre 1826,

Concernant la Presse,

AVEC

DES OBSERVATIONS SUR CHACUN DES ARTICLES.

Par M. ***

PARIS.

ÉVERAT, IMPRIMEUR-LIBRAIRE,
RUE DU CADRAN, N° 16.

1827.

DISCUSSION

SUR LE PROJET DE LOI

Présenté à la Chambre des Députés,

CONCERNANT LA PRESSE,

AVEC

DES OBSERVATIONS SUR CHACUN DES ARTICLES.

Dans tous les pays du monde civilisé, il est permis aux citoyens d'émettre leur opinion sur les lois, d'en démontrer les inconvéniens et les abus ; ce n'est là ni outrager ni désobéir, mais bien rendre service au corps social. On devrait de la reconnaissance à l'homme qui, de bonne foi, sans esprit de parti, entreprendrait de reviser notre législation, et serait assez habile pour en exclure avec discernement tout ce qui est nuisible ou choquant, dangereux ou contradictoire.

Ce qu'on est libre de faire sur les lois déjà en pleine activité, on le peut à plus forte raison sur de simples propositions non encore débattues. Le projet de loi présenté à la Chambre, le 29 décembre dernier, concerne la presse ; et, comme la presse intéresse toutes les professions, par conséquent la mienne ; comme de sa liberté ou de son esclavage dépendent la propagation, le succès et le perfectionnement de toutes les connaissances humaines, on ne me blâmera pas de discuter ce projet de loi, d'en montrer les vices, les inconvenances, les contradictions.

Il m'est pénible de penser qu'il sortira de ma discussion des vérités déplorables. J'aurai le courage de ne pas les dissimuler ; mais je les proposerai avec la franchise d'un homme de bien, avec la modération qui convient à mon caractère, à mon âge, à ma position. Je me contraindrai de manière à n'employer aucune expression choquante ou capable de blesser l'amour-propre, tant j'ai le desir de ne parler qu'à des esprits droits, qui puissent m'entendre avec calme et sans passion.

J'entre en matière.

(1) L'article 1er veut que nul écrit ne puisse être mis

- (1) Au moment où cet ouvrage allait être mis sous presse, la Commission a fait son rapport à la Chambre. Elle a proposé de nouvelles rigueurs, et ses amendemens sur le projet de loi l'ont fort peu amélioré. La liberté de la presse en recevra le coup mortel, la profession d'imprimeur n'en sera pas moins proscrite, puisque d'après les dangers dont on l'environne, il ne sera plus possible de l'exercer sans être entraîné à une ruine inévitable.

Comme il est permis d'espérer que la Chambre n'adoptera

en vente , publié ni distribué qu'après les *cinq* ou *dix jours* qui suivront le dépôt , selon que l'écrit aura plus ou moins de vingt feuilles.

Ainsi voilà, contre la promesse donnée , une censure établie , *censure beaucoup plus rigoureuse qu'aucune autre ayant existé précédemment.* L'ancienne s'exerçait sur le manuscrit ; on était averti d'avance : celle qu'on propose, n'agira qu'après l'impression. Est-il bien équitable d'arrêter l'écrit, de le supprimer, quand l'éditeur a fait la dépense de la composition , du tirage et du papier ? Je ne le crois point.

Une autre question se présente. A qui sera confié l'exercice de cette effrayante censure ? Sera-t-elle judiciaire ? Sera-t-elle administrative ? Le projet de loi n'en fait pas mention ; l'exposé des motifs n'en dit rien non plus. Il n'est question des tribunaux que dans les articles 8 et 9 concernant les feuilles périodiques ; encore n'est-ce qu'avec des restrictions qui ramènent à la censure administrative.

Je parle de celle-ci , parce que l'auteur d'une apologie insérée dans le Moniteur du 6 janvier dernier, l'a traitée d'*arbitraire*. Ainsi, le projet de loi ne s'expliquant point, laisse craindre un malheur de plus.

---

ni le projet ni les amendemens de la Commission , j'ai dû laisser cet écrit tel qu'il est sans y rien changer ; j'indiquerai seulement en note, sur chaque article , les variantes de la Commission , et les objections dont elles me paraîtront susceptibles.

On veut assigner un intervalle entre le dépôt et la publication, pour faciliter l'examen du livre ; car sans cela, dit-on, le dépôt ne sert à rien.

Le dépôt sert à quelque chose ; et, puisqu'on paraît ignorer dans quelle vue, à quelle occasion il a été prescrit, il faut bien que j'en dise un mot.

On donne aujourd'hui au Gouvernement cinq exemplaires gratis de tous les livres qui se publient. Cet impôt, très-onéreux, surtout quand il s'agit d'ouvrages en plusieurs volumes, accompagnés de gravures, a été bénévole pendant assez long-temps ; on a fini même par s'en affranchir, encore bien qu'il y eût alors moins d'exemplaires à donner qu'à présent. La bibliothèque du Roi, pour se tenir au complet des nouveautés, était obligée de les acheter. Il en résultait une dépense considérable ; on a trouvé le moyen de la lui épargner, en arrêtant qu'à l'avenir l'auteur ou l'éditeur pourrait être contrefait impunément, s'il ne constatait pas sa propriété littéraire par le dépôt. Tel est le véritable motif de ce dépôt ; il est inutile de lui chercher une autre origine ; il n'a jamais été question de s'en faire un moyen de police ou de censure.

Si le livre est mauvais, dit-on, lorsqu'on va pour le saisir, l'édition est épuisée, et déjà le livre circule. On sait bien que, dans ce cas-là, plusieurs exemplaires échappent à la vigilance de l'autorité : c'est un inconvénient, sans doute ; il se présente en France comme ailleurs, et partout on le souffre, parce que, quoi qu'on fasse, on ne parviendra jamais à le détruire. Il est d'ailleurs très-léger ; c'est un petit mal compensé par quelques avantages, et les savans, les hommes d'État, les curieux, les théologiens même, ne seront pas fâchés qu'on le tolère. Je donnerai plus de développement à cette vérité, dans les réflexions par lesquelles je me propose de terminer cet écrit.

En laissant un intervalle entre le dépôt et la mise en vente, vous vous ménagez, il est vrai, le temps d'examiner, mais vous ne remédiez à rien ; vous établissez une censure, vous violez sans nécessité une promesse royale ; on éludera, on fraudera ; le livre arrêté ira recevoir ailleurs les honneurs de l'impression ; il reviendra en France, plus furieux, plus séditieux, plus immoral, plus impie qu'il n'était ; il y circulera sous la rubrique de Génève, de Bruxelles, de Londres ou de Philadelphie. On se l'arrachera ; tout le monde voudra le lire, et le lira malgré vous ; on sera inondé de libelles, comme du temps de Louis XV, Louis XVI, de Napoléon. Ces auteurs de libelles en composeront de nouveaux, sous vos propres yeux. Vous connaissez vos ennemis à présent, ils ne se cachent point ; ils se nomment. Vous pouvez les prévenir et les surveiller. Alors vous ne les connaîtrez plus : ils se cacheront ; ils seront à côté de vous sans que vous vous en doutiez. Vos affidés mêmes, qui ne sont pas tous vos amis, qui s'observent, qui se composent par crainte ou par intérêt, une fois sûrs de l'impunité , fourniront aux libellistes des articles contre vous , et trahiront vos plus secrètes pensées.

Je vais plus loin : l'art. 1er met en contradiction beaucoup d'autres articles du projet de loi : vous ne pourrez pas tout lire en dix jours ; beaucoup de hardiesses vous échapperont. Si , par erreur , par inadvertance ou autrement , vous laissiez passer un livre suspect , il circulera librement ; vous aurez donné aux auteurs la robe de l'innocence , vous n'aurez plus le droit de les punir; ils vous diront : Vous nous avez censuré , vous nous avez permis de vendre; vous ne pouvez plus nous atteindre; nous sommes en règle. Et en effet , à l'expiration de cinq ou dix jours , votre examen sera censé fait; il n'y aura plus de mauvais livres; ceux que vous laisserez paraître seront tous réputés bons; vos motifs n'auront plus de base , et les peines, les fiscalités dont vous avez grossi vos articles, deviendront inapplicables.

Ainsi, sous quelque rapport qu'on envisage l'art. 1er, il est nuisible au Gouvernement comme aux particuliers (2).

---

(2) La commission a laissé l'article 1er à peu près tel qu'il est dans le projet. Elle admet seulement le délai de 5 jours après le dépôt, quand l'écrit ne sera que de 20 feuilles et au-dessous ; elle rejette le délai de 10 jours pour le cas où l'écrit aurait plus de 20 feuilles. Cette légère distinction n'améliore pas l'article qui offre toujours une censure postérieure à l'impression , et une contradiction manifeste avec les autres articles du projet;

L'art. 2 admet des exceptions : il exempte du dépôt certains objets qu'il désigne : les mandemens, les lettres pastorales des ministres du culte catholique; il oublie les autres cultes salariés par l'État; il ne traite pas mieux tout ce qui a rapport à l'ordre judiciaire, et ne comprend dans sa liste que les mémoires signés par des avocats inscrits sur le tableau ; mais les stagiaires, les avoués, les parties elles-mêmes font aussi des mémoires; il ne parle pas des conclusions motivées, des actes de procédure, des rapports d'experts ou d'arbitres, à produire pendant les plaidoiries; il ne dit rien des catalogues de vente, ni d'un grand nombre d'autres imprimés dont on ne peut différer la livraison sans entraver toutes les affaires ; il garde le silence sur ce qu'on appelle, en imprimerie, ouvrages

---

car, après l'examen, il ne pourra plus y avoir de mauvais livres au-dessous de 20 feuilles.

M. le rapporteur prétend qu'avertir l'auteur et l'imprimeur ce serait une espèce de censure ; et l'on veut, dit il, en éviter jusqu'au soupçon : ne les pas avertir, c'est encore pis. Qui peut deviner que tel ou tel passage ne déplaira pas? Une simple réflexion innocente aux yeux de l'auteur et de l'imprimeur, une citation fût-elle historique, si elle blesse telle croyance, telle opinion, tel personnage, donnera lieu à la saisie, à la suppression d'un ouvrage imprimé. Le plus habile s'y laisserait prendre. Le chapitre des interprétations est si étendu ! Il n'est pas un membre de la Commission, pas un membre de la Chambre, capable de ne s'y jamais tromper; il faut avoir été imprimeur pour savoir cela.

de ville, tels que les imprimés de bureaux, les adresses, les factures, les prix-courans, les lettres d'accouchement, les billets de mariage et une foule de menus objets dont on a besoin de suite; il faudra, par conséquent, déposer tout, même les billets d'enterrement, et attendre cinq jours avant de les remettre ; de sorte qu'ils n'arriveront à leur adresse qu'après le convoi du mort (3).

L'art. 3 est impossible dans son exécution : il prononce des peines sévères contre tout imprimeur qui imprimerait un plus grand nombre de feuilles que le nombre énoncé dans la déclaration. Quelle acception veut-on donner à ce mot *feuilles?* Entend-on les feuilles typographiques composées d'un certain assemblage de pages que le format détermine? Entend-on

---

(3) La Commission a un peu étendu les exceptions de l'art. 2 en y comprenant tous les écrits d'un intérêt privé, non destinés à être mis en vente ; par conséquent, les ouvrages de ville en général, les mémoires des avocats, des avoués, des parties, les procédures, les rapports d'experts et d'arbitres, enfin, toutes les pièces nécessaires à la défense ; mais l'amende de 3,000 francs prononcée contre l'imprimeur exige des explications tellement claires qu'il ne puisse pas se tromper ; or, il y a ici beaucoup de choses dans le vague.

Un ouvrage dramatique, après la représentation, ne sera pas sujet au dépôt quand l'écrit publié *ne contiendra que la pièce même.* Comment! une note, un avant-propos, l'exposé du sujet, le nom des acteurs, ne seront pas considérés comme faisant partie de la pièce !

les feuilles de papier, c'est-à-dire les exemplaires? Dans l'un comme dans l'autre cas, ce qu'exige l'article est impraticable.

D'abord, quant aux feuilles typographiques, l'imprimeur le plus exercé n'est pas en état d'évaluer au juste ce qu'en produira le manuscrit qu'il déclare. Il le peut d'autant moins, que l'auteur fait souvent des retranchemens ou des ajoutés dans sa copie, pendant l'impression.

Ensuite, quant aux feuilles de papier, considérées comme exemplaires, l'imprimeur ne peut répondre qu'il sera toujours d'accord avec sa déclaration; les rames ne sont pas complètes, les ouvriers gâtent des feuilles ou se trompent en travaillant. Pour suppléer à ce qui pourrait manquer, on ajoute ordinairement une certaine quantité de mains, qu'on appelle mains de passe. Il arrive de là qu'on ne se trouve jamais en

---

Qu'entend la Commission par des prospectus, des catalogues *non raisonnés?* Les prospectus ne se vendent pas, les catalogues non plus; ce sont des écrits d'un intérêt privé. Je n'en ai pas vu qui ne fussent *raisonnés*, ou je ne comprends point l'expression. Il y aura donc des ouvrages de ville à déposer? quel embarras! les employés de la direction n'y pourront suffire.

Si un article d'intérêt privé, non destiné en apparence à être vendu, l'est en effet par la partie à l'insu de l'imprimeur, celui-ci sera donc mis en contravention, et passible de l'amende?

Toutes ces entraves n'ont pas été employées jusqu'à présent. A-t-on renversé le Gouvernement?

rapport exact avec le nombre déclaré. L'article ne laissant rien à la discrétion de l'agent du pouvoir ou du magistrat (car on ne sait qui jugera), celui-ci devra faire l'application de la peine , n'y eût-il qu'une feuille en plus ou en moins. Si en plus, il y aura contravention ; si en moins, il y aura fraude présumée ; on accusera l'imprimeur d'avoir détourné l'exemplaire en déficit (4).

L'article 4 défend tout déplacement ou transport d'une partie quelconque de l'édition hors des ateliers de l'imprimeur , avant l'expiration du délai , à peine d'être accusé d'une tentative de publication ; et cette tentative sera poursuivie, punie de la même manière que le délit. Le rédacteur du projet, qui ne sait pas en quoi consiste l'intérieur d'une imprimerie particulière, en juge d'après l'imprimerie royale. Il ignore que pour exécuter l'article 4 , il faudrait l'hôtel Soubise ou la

---

(4) L'article 3 n'est pas amendé. La Commission explique ce qu'on entend par *feuilles* ; ce sont les exemplaires. Soit ; est-ce qu'il est possible à un imprimeur d'arriver au nombre juste, de ne tirer ni plus ni moins. On ne lui donne pas la moindre latitude et on le condamne à l'amende !

Si un auteur, incertain d'abord sur le nombre, l'augmente ou le diminue après la déclaration , il faudra donc , dans ce cas, faire une déclaration nouvelle ? Je mets cette observation en avant, parce qu'en pareille circonstance, l'usage a été jusqu'à présent, de ne pas recommencer la déclaration ; il a suffi d'énoncer, dans le bulletin de dépôt, le nouveau nombre augmenté ou diminué. Comme ici, tout est de rigueur, il est nécessaire qu'on s'explique.

cathédrale. Un imprimeur tant soit peu occupé, mène à la fois plusieurs volumes ; il ne peut garder chez lui toutes les feuilles qu'il imprime, ni attendre, pour s'en dessaisir, que les ouvrages soient terminés et déposés depuis 5 ou 10 jours. La place lui manque ; il est obligé, à mesure que les feuilles sortent de la presse, de les faire enlever, tout humides encore, par des assembleurs : ceux-ci font métier de les étendre et de les faire sécher dans des locaux vastes appropriés à ce genre de travail ; et, comme chaque libraire a son assembleur, les produits de l'impression se divisent entre plusieurs sans encombrement. Mais assujétir les imprimeurs à garder toutes les feuilles qu'ils impriment, exiger qu'elles ne sortent de chez eux qu'après les 5 ou 10 jours du dépôt, c'est leur défendre de porter les épreuves aux auteurs, aux correcteurs du dehors ; c'est les condamner à perdre toutes les feuilles qu'ils ne pourraient pas étendre; c'est les réduire à l'inaction, fermer d'un seul coup toutes les imprimeries, ruiner tous les assembleurs en les privant de leur état (5).

―――――――――――

(5) On voit bien que la Commission a voulu améliorer l'article 4, en comprenant « *sous la dénomination d'atelier de* » *l'imprimeur, les ateliers extérieurs où les feuilles d'impression* » *sont séchées, satinées, pliées et brochées.* » D'après sa rédaction, on croirait que les ateliers extérieurs dont il parle, ne font qu'un seul et même atelier avec celui de l'imprimeur. Point du tout ; ces ateliers sont autant d'ateliers différens

L'article 5 est encore plus désespérant ; il assujétit tout écrit de 5 feuilles et au-dessous, au timbre fixe de 1 fr. pour la première feuille de chaque exemplaire, et de 10 c. pour chacune des autres; il veut que le droit soit dû pour les fractions de feuille comme pour les feuilles entières. En cas de contravention , 3,000 fr. d'amende, l'édition supprimée et détruite. Autant vaudrait dire : l'art d'imprimer ne sera plus cultivé en France.

Pourquoi tant de rigueur ? Afin de rendre chers les livres à bon marché , et pour que le peuple ne puisse les acheter quand ils sont mauvais. Ce motif qu'on donne , on ne veut pas voir qu'il est en contradiction avec le 1er article du projet de loi. A quoi ser-

---

indépendans les uns des autres ; et comme on peut y commettre des fraudes, les imprimeurs n'en doivent pas être garans.

On ne saurait trouver dans le projet de loi un seul article qui ne présente quelque inconvénient, même quand on cherche à l'amender. Cela est tout simple, on y propose de renverser ce que l'expérience a établi depuis des siècles ; on y court après une chimère, un résultat sans objet, qu'on ne pourra jamais obtenir. Il y aura toujours, quoi qu'on fasse , des pamphlets et de mauvais livres, avec cette différence , qu'en laissant les choses telles qu'elles sont, on en verra moins ; qu'en adoptant les mesures du projet, il en paraîtra un plus grand nombre; il en naîtra de tous les côtés. On ne frappe pas tant de monde à la fois sans faire beaucoup de mécontens.

vira donc le délai exigé pour l'examen, si ce n'est pour saisir les mauvais livres avant leur publication possible. Il n'en restera plus, à moins que vous ne regardiez aussi comme mauvais, ceux que vous aurez laissé passer.

Mais qu'il y ait ou non examen, que l'article 1er soit adopté ou repoussé, l'article 5 n'en est pas moins inadmissible sous beaucoup d'autres rapports. Il établit un impôt injuste, accablant, destructif de toute production littéraire, toujours accompagné d'arbitraire et de vexations.

Et d'abord, ce timbre, tel qu'on le perçoit aujourd'hui, est à peine supportable. Il n'y a là-dessus qu'une voix. On l'applique aux avis, aux cartes, aux prix courans, aux circulaires, et même à ces petits imprimés en usage dans les boutiques, pour envelopper les marchandises ou pour les annoncer. La poste refuse, aux particuliers non-libraires, de transporter, au prix d'un sou, les feuilles non timbrées. L'imprimerie et le commerce n'en souffrent pas seulement dans leurs intérêts pécuniaires; la tranquillité des citoyens en est troublée. Des tracasseries, des amendes, des procès pour la moindre erreur. Et comment ne pas se tromper? Les lois en cette partie sont tellement vagues, si peu expliquées, laissent tant de latitude aux interprétations fiscales, que les employés de la Régie eux-mêmes, quand on les consulte, ne sont pas capables de distinguer ce qui est ou non susceptible de ce malheureux timbre, si nuisible et pourtant si peu profitable au trésor public. Dans le doute, on perçoit par provision , sauf à rendre, ce qui n'arrive jamais.

On est dans l'usage de ne pas faire apposer le timbre sur les billets de mort et de mariage , les lettres de part, de bout de l'an, d'accouchement, de convocation et autres bagatelles semblables, de n'y pas mettre non plus le nom et l'adresse de l'imprimeur. Cependant, on est encore à savoir s'il existe des dispositions législatives qui en dispensent; de sorte qu'aujourd'hui , demain, quand il leur plaira, le ministère public ou les préposés de la Régie peuvent poursuivre ceux qui s'en servent comme ceux qui les impriment. L'année dernière, des imprimeurs et des lithographes ont été cités devant un juge d'instruction , pour n'avoir pas apposé leurs noms et adresses sur de malheureuses cartes !

A l'exception de la musique et des journaux, tous les imprimés concernant la librairie et les beaux arts, ont été affranchis du timbre. C'était une bien juste faveur accordée aux sciences et aux lettres. L'article 5 révoque cette faveur. Il n'y en aura plus désormais pour qui que ce soit. L'auteur d'une pièce de théâtre représentée, si elle n'a que 5 feuilles, ne pourra pas la faire imprimer, sans payer autant de fois 20 sous pour la 1re feuille, autant de fois 10 c. pour chacune des autres ; il faudra qu'il ajoute 28 sous au prix de fabrique, et son édition qu'il voulait propre, sera barbouillée, défigurée par des placards d'encre, sous le lourd poinçon de la Régie.

Aurez-vous l'intention de faire connaître un procédé nouveau? une découverte utile ; de livrer à la presse l'éloge funèbre d'un père ou d'un ami, une dissertation scientifique, un rapport sur un ouvrage d'art? Si vous n'êtes pas membre d'une Société savante autorisée par le roi, vous paierez le droit.

Il y a plus, les mémoires d'avocats inscrits sur le tableau ; mémoires compris dans les exceptions de l'article 2 ; ne l'étant pas dans celles de l'article 5, seront également sujets au timbre. La fiscalité s'introduira jusque dans la défense (ici pourtant il n'y a pas à opposer le motif des mauvais livres), et la disposition atteindra toutes les classes, tous les états, toute la population ; toutes les croyances étrangères à la catholicité.

Enfin, cet article 5 voulant qu'une fraction de feuille paie comme feuille entière, les ouvrages de ville qui ne sont exceptés nulle part dans le projet, acquitteront le nouvel impôt ; ils y seront soumis comme les mémoires ; chaque facture, chaque quittance, chaque tête de lettre coûtera 20 sous.

Il est affligeant de rencontrer de pareilles imprévoyances dans un projet aussi important ; cela vient de ce qu'il faut s'entourer des gens de l'art quand on travaille sur des matières dans lesquelles on n'est pas versé. Ces législations de cabinet, qu'on fait sans

consulter, ne sont jamais bonnes; et, depuis 25 ans,
on n'a pas promulgué une seule loi sur la presse qui
ne laisse beaucoup à desirer.

Qu'on se trompe dans les détails quand on ne les
connaît pas; qu'on en fasse une fausse application,
cela se conçoit; mais ce timbre exorbitant qui peut
le justifier? On a parlé des in-32, des brochures à 5
sous qui se répandent parmi les classes inférieures
et qui les corrompent: quand je n'aurais pas déjà
réfuté victorieusement cette futile objection, j'en
reviendrais toujours à dire : est-il juste que, pour
écraser sous le poids du timbre les brochures cor-
ruptrices, ou écrase aussi celles qui ne le sont point,
celles qui rendent service au genre humain?

Si l'on prêtait l'oreille à tout ce qu'on affecte de ré-
pandre sur ce sujet affligeant, on serait tenté de croire
que l'ivraie a partout étouffé le froment, que nous
sommes inondés de mauvais livres; et cependant com-
parez-les aux bons : la proportion n'en est pas d'un
sur 1000; encore est-il à noter que dans le nombre de
ces mauvais livres, il en est beaucoup qui ne sont
mauvais que dans certaines parties; d'autres qu'on ne
peut blâmer que relativement; et malgré les déclama-
tions de certaines gens sur la dépravation du siècle,
les livres vraiment dignes d'être incriminés, comme
contraires à la religion, aux bonnes mœurs et au
Gouvernement, sont extrêmement rares.

Est-il raisonnable de frapper d'interdiction les productions de l'esprit, celles qui font le plus d'honneur à l'homme, pour quelques misérables pamphlets, pour quelques libelles éphémères qu'on ne lit pas ou qu'on méprise ; qui n'attendent leur existence que d'un scandale, et qui mourraient en naissant si l'on était assez sage pour ne les pas rappeler à la vie par des poursuites imprudentes.

J'agiterai plus tard cette importante question, et je prends ici l'engagement de prouver que la plupart des dangers dont on a peur, sont des fantômes auxquels on donne de la consistance en paraissant les craindre ; que des sévérités excessives qui lèsent toute une nation, sont les fautes les plus graves qu'on puisse commettre en religion, en morale et en politique (6).

---

(6) La Commission a supprimé l'article 5, et l'a remplacé par un autre dont voici la teneur : *Tout écrit de 20 feuilles et au-dessous ne pourra être imprimé ni réimprimé dans un format au-dessous de l'in-18, sans une autorisation qui sera donnée à Paris, à la direction de la librairie, et dans les départemens, par les préfets et sous-préfets.*

A quoi bon cette autorisation, puisque d'après l'article 1er, tous ces livres seront examinés avant d'être mis en vente ? ou vous n'en laisserez point passer de mauvais, ou votre examen est inutile. Si vous arrêtez la publication d'un livre, il est bien clair qu'on ne pourra plus le vendre ni même le donner ; il n'ira pas dans les mains de vos amis, à plus forte raison dans celles du peuple.

Et puis, les formats ne font rien à l'affaire ; qu'ils soient in-16, in-24, in-32, in-64 même, qu'importe ? Fréret,

Les articles 6 et 7 ne relatent que des peines affligeantes, étendues à tout ce qui s'imprime, quels que soient le mode et les procédés de l'impression. Ce que j'ai dit précédemment se replace ici (7).

Les articles 8 et suivans, jusques et compris le 18e, concernent la publication des feuilles périodiques. On les a discutés avec trop de fiel peut-être ; mais cependant avec plus de talent que je ne suis capable d'en apporter. Je n'en essaierai pas moins de présenter sur une matière aussi grave le tribut de mes réflexions.

Cette partie du projet de loi introduit un système

Boulanger, et d'autres ouvrages que je n'ose nommr, seont imprimés en in—12 et en in-8º ; en circulent-ils moins ? Les impiétés, les satires les plus dégoûtantes ont trouvé des presses en Hollande, à Bruxelles, à Genève et ailleurs. Les mœurs, dans ces pays, n'en sont pas moins bonnes ; elles valent mieux qu'en France, où le libertinage est devenu un métier ; où l'on ne peut faire un pas sans voir le concubinage, l'adultère, l'inceste même, affichés publiquement. Le vice y marche tête levée ; on n'y rencontre partout que des femmes galantes, des maris trompés dont on se moque au lieu de les plaindre et de les venger ; il n'y a que trop de successions où quelque adultérin vient prendre une part d'enfant légitime. Ce ne sont pas les livres qui corrompent, mais l'absence de toutes lois contre les désordres de la société ; c'est l'impunité dans laquelle vivent les hommes dissolus, qui multiplient de toutes parts les exemples de la séduction, et affrontent la morale publique.

(7) La Commission a conservé ces deux articles.

nouveau qui sort du droit commun, qui contrarie toutes les jurisprudences connues. On s'est creusé la tête pour aller chercher bien loin ce qu'il y a de pire, lorsqu'on avait près de soi et sous la main ce qu'il y a de mieux.

Voila qu'après plusieurs années d'une législation vicieuse, on s'aperçoit enfin de l'abus des éditeurs responsables, hommes de paille, que la justice, contre sa propre conscience, envoie expier en prison, des fautes qu'ils n'ont pas commises. Comment s'y prend-on pour détruire cet abus, cause de tout le mal? On déverse la peine sur d'autres innocens, et l'on s'obstine à épargner encore les véritables coupables. Or, je le demande : quand un article est incriminé, qui en doit répondre si ce n'est l'auteur? Attachez-vous donc à le connaître pour le faire punir s'il l'a mérité; au lieu de tout détruire, de tout bouleverser inconsidérément, faites ce que vous auriez dû faire dès l'origine.

Ecartez les hommes de paille; exigez qu'aucun article ne puisse figurer dans une feuille périodique, s'il n'est terminé par le nom de celui qui l'a rédigé. L'auteur ne sera pas toujours de votre avis, il faut vous y attendre; mais vous le verrez bientôt s'adoucir; il mettra dans son style plus de modération, plus d'urbanité, quand il n'aura pas devant lui ce rempart officieux qui parait les coups, et à l'abri duquel il se croyait tout permis.

Le plus pauvre sera toujours en état de satisfaire à la peine corporelle si on l'applique ; et le cautionnement vous répondra de celle pécuniaire, au défaut du condamné. En cas que le cautionnement ne puisse plus suffire, vous prononcerez la suppression, ou l'on vous paiera pour la prévenir.

Incriminez le moins possible, allégez les peines plutôt que de les aggraver ; diminuez ces amendes monstrueuses qui enveniment au lieu de calmer, qui donnent à la sévérité un air de vengeance.

Ajoutez un surcroît de considération à la magistrature, en accordant plus de latitude à l'indulgence des juges ; les délits de journaux sont des erreurs, des vivacités plutôt que des crimes ; il y a toujours quelques circonstances atténuantes dans les excès d'une guerre de plume, et l'on est excusable de se laisser quelquefois emporter au-delà des bornes, quand on défend son opinion et sa fortune.

Laissez en paix les propriétaires de journaux. Qu'ils soient cent ou mille, que vous importe ? Ce sont des spéculateurs qui ont placé leurs fonds dans une entreprise. Simples actionnaires d'un journal dont les détails roulent sur un directeur salarié, ils s'embarrassent peu de ce qu'on y met ; attachés par l'intérêt seul, étrangers sur tout le reste, même sous le rapport de l'opinion, on ne les voit paraître que pour toucher leurs dividendes ; plusieurs vivent à la campagne ; leurs arrangemens sont des transactions pri-

vées qui ne vous regardent point ; ils les ont contrac-
tées sous la protection du code national , et vous ne
pouvez les détruire en vertu d'une législation nouvelle, sans donner à celle-ci un effet rétroactif que
réprouvent l'honneur et les principes.

Un projet de loi appuyé sur des bases de prudence
et de modération , obtiendrait l'assentiment général ;
mais celui présenté n'offre que destruction , ne res-
pecte rien, et les réclamations les mieux fondées s'élè-
vent contre de toutes les parties de la France.

L'article 8 exige une déclaration qui porte atteinte
aux droits des propriétaires, à leur pacte social, aux
lois qui les régissent ; on veut que leurs noms et leurs
demeures figurent en tête de leur journal , pour les
astreindre à des responsabilités dont ils ne sont pas
tenus.

Qui ne serait profondément affligé de voir, qu'au
moment même où l'on reconnaît, au nom du Gouvernement, que l'existence des éditeurs responsables
est une aberration, qu'il est immoral de les condamner pour des délits dont ils ne sont pas coupables, le
projet de loi, tout en voulant réparer cette injustice,
en commette une plus grande encore en la reportant
sur des individus absolument étrangers aux écarts de
Messieurs les auteurs d'articles, sur des individus bien
plus innocens que les éditeurs responsables qui ont
volontairement consenti à courir les chances d'une
condamnation.

On force des commanditaires, engagés seulement jusqu'à concurrence de leur mise, à perdre cette mise ou à se livrer à des risques auxquels, en contractant, ils n'ont pas voulu s'exposer.

On veut divulguer des secrets de famille, mettre au grand jour des noms qu'on a intérêt de cacher, surcharger un journal d'une nomenclature inutile, qui prend une place précieuse, comme si ces noms, une fois donnés, ne suffisaient pas pour dispenser de les répéter tous les jours (8).

L'article 9 attente encore plus directement à la propriété. Suivant cet article, personne désormais ne pourra être admis et reconnu comme propriétaire d'un journal ou écrit périodique, s'il ne réunit les qualités exigées par l'art. 980 du Code civil. Ainsi, les mineurs, les femmes, les veuves, la partie du genre humain la plus aimable, la plus faible, la plus

---

(8) La Commission a été sur cet article 8 encore plus loin que le projet de loi, elle veut que la déclaration indique le nom *de tous les propriétaires, leur demeure et la part de chacun d'eux dans l'entreprise.*

C'est toujours le même système, une injustice remplacée par une autre ; il n'y a de différence que dans l'exécution, comme nous allons le voir dans l'article 9.

Je persiste dans ce que j'ai dit au sujet de cette déclaration qui me paraît attentatoire au droit que chacun a de jouir de sa propriété comme bon lui semble, de garder l'anonyme si cela lui convient, de ne mettre ni le public ni même le Gouvernement dans la confidence de ses affaires.

digne d'intérêt et de protection , sera , contre toute justice , exhérédée du droit de possession !

Qu'à tort ou à raison on suspecte la déclaration exigée par l'art. 8 , on donne à l'autorité administrative un pouvoir qui n'appartient qu'aux tribunaux. Ce que des juges n'oseraient pas faire dans une espèce où la forme emporte le fond , ce qu'ils ne feraient certainement pas à l'égard d'une entreprise de journal qui ne peut supporter , sans périr , la moindre interruption , un préfet, un directeur de l'imprimerie et de la librairie , en auront la faculté ! Leurs décisions , bonnes ou mauvaises, seront exécutées provisoirement ! Peut-on voir rien de plus étrange en législation (9) !

____

(9) Cet article a été changé presque en entier par la Commission; elle veut que les co-intéressés, s'il y en a plusieurs, *soient tenus de choisir un ou deux d'entre eux qui seront responsables de la rédaction , et chargés de la surveillance du journal.*

Ce serait bien jusque là si l'article 8 n'existait pas, et s'il se trouvait parmi les intéressés un ou deux hommes capables de suivre la rédaction , ou en position d'y pouvoir consacrer leur temps.

A ces conditions déjà si difficiles, la Commission en ajoute une autre encore qui rend l'article 9 tellement inexécutable, qu'on peut le regarder comme une véritable expropriation.

Elle demande que les deux intéressés responsables réunissent ensemble au moins le tiers de la propriété des journaux quotidiens et du cautionnement exigé , ou la moitié s'il s'agit d'autres journaux périodiques.

L'article 10 , comme conséquence de l'art. 8 , est susceptible de la même critique.

On peut en dire autant de l'article 11 et des 500 fr. d'amende imposés à l'imprimeur qui aurait négligé de mettre les noms des propriétaires en tête du journal. Cette amende est injuste. Un journal se fait de nuit.. L'imprimeur n'est pas là pour voir ce qui se passe; il dort. Peut-il répondre d'un oubli, d'une erreur, des étourderies si fréquentes parmi les ouvriers, surtout quand ils sont pressés? C'est punir bien sévèrement une faute qu'il n'a pu empêcher.

C'est violer tous les principes de justice et de raison que de spolier un homme de son droit de propriété dans une chose , par le motif qu'il n'en possède pas une assez grosse part.

En cas de mort d'un des deux rédacteurs responsables, la Commission n'accorde qu'un mois aux intéressés survivans pour présenter un nouveau propriétaire responsable qui ait les mêmes droits , la même part que le défunt, dans le cautionnement et dans le journal, de sorte que si l'on ne veut pas lui vendre, ou s'il n'a pas le moyen d'acheter ce qui lui manque, tout est perdu.

Je ne sais dans quel code antérieur on pourra trouver une semblable disposition : ce qui rend ici l'injustice encore plus frappante, c'est que le Gouvernement n'en a pas besoin pour être assuré du paiement des amendes ; on lui a donné une garantie plus que suffisante dans le cautionnement.

Le reste de l'article, à une légère modification près, est comme dans le projet de loi ; mêmes argumens, mêmes raisons pour le rejeter.

L'article 12 est le seul acceptable de tous ceux du titre 2 du 1er chapitre; il prononce une exception honorable dont on regrette de ne pas voir le motif régner sur l'ensemble du projet (10).

L'article 13 ne veut pas que les priviléges du second ordre, institués au profit des prêteurs des fonds employés aux cautionnemens des comptables, s'ap-

---

(10) Les articles 10, 11 et 12 ont été entièrement refondus ou transposés par la Commission. Suivant l'article 10, les propriétaires rédacteurs *passibles de toutes les peines*, *etc.*, iront en prison : quant aux condamnations pécuniaires, elles seront supportées solidairement par tous les propriétaires, disposition inutile, puisqu'il y a un cautionnement.

Suivant l'article 11, déclaration des journaux déjà existans, à faire ou à renouveler dans les 30 jours de la promulgation de la loi nouvelle, c'est la conséquence de l'article 8; mais, comme dans le projet, l'imprimeur tenu, à peine de 500 francs d'amende, d'inscrire en tête de chaque exemplaire le nom des propriétaires de journaux; de sorte que s'il y a 100 propriétaires, il faudra les indiquer tous. Ce sera une composition à garder; et si par hasard en opérant, un ouvrier laisse une ligne sur la galée, tout de suite 500 francs à payer et un procès.

Suivant l'article 12, plus de société à contracter relativement à la propriété des journaux ou écrits périodiques, si ce n'est en nom collectif; ainsi, le mode des sociétés en commandite, quoique permis par nos lois, est proscrit en matière de journaux. Les lois ne disposent que pour l'avenir; ici on dispose même pour le passé, et la loi nouvelle aura un effet rétroactif.

pliquent aux cautionnemens des propriétaires de journaux ; c'est interdire, sans nécessité, sans-intérêt pour le Gouvernement, une faculté qu'on ne peut ravir à personne, celle de recourir, dans ses besoins, aux obligeances de l'amitié, d'assurer la bonne foi des conventions, en offrant des garanties à qui veut bien nous rendre service (11).

Les timbres actuellement établis sur les journaux et feuilles périodiques, sont remplacés, dans l'art. 14, par un droit unique de 10 c. pour chaque feuille de trente décimètres carrés de superficie ou de dimension inférieure ; le même droit sera perçu pour les demi-feuilles et autres fractions de feuille ; il sera augmenté même d'un centime pour chaque décimètre carré, au-dessus de trente décimètres. De sorte que les feuilles périodiques seront plus mal traitées que les simples affiches ; on s'écarte, à leur égard, de cette justice distributive qu'on ne doit jamais perdre de vue, même en matière d'impôts. L'équité s'oppose à ce qu'une demi-feuille, à ce qu'une fraction de feuille paie autant qu'une feuille entière.

Si cet article 14 frappait sur tout le monde, s'il était présenté comme une mesure générale pour subvenir aux besoins du fisc, je laisserais à nos représentans le soin de faire observer que dans l'état de

______

(11) Cet article 13 a disparu dans les amendemens de la Commission.

paix où nous sommes, les impôts sont déjà trop accablans pour qu'on songe à les augmenter; mais je dirais que le timbre, odieux par sa nature, doit être sagement réparti et maintenu dans une proportion raisonnable pour que les citoyens n'en soient pas accablés; qu'ici, particulièrement, il importe de le rendre le plus léger possible, parce qu'étant dirigé sur des objets qui ne sont pas de nécessité absolue, on peut s'y soustraire par la privation.

Cette réflexion n'a pas dû échapper à ceux-là même qui ont imaginé le projet de loi. On voit évidemment que l'art. 14 a été rédigé dans l'intention, non pas de procurer au trésor public une ressource nouvelle, mais bien de faire aux journaux une guerre à mort, d'en élever le prix pour les rendre inaccessibles aux petites fortunes, et pour en interdire la lecture au plus grand nombre.

La liberté de la presse se manifeste encore plus dans les journaux que dans les autres écrits; pourquoi donc promettre cette liberté et ne pas la tenir? C'est la révoquer de fait, que de l'entraver par des moyens qui empêchent d'en jouir (12).

______

(12) La Commission a supprimé cet art. 14, et l'a remplacé par un autre, portant que le cautionnement fixé par la loi du 9 janvier 1816, sera *la propriété personnelle* de chacun des intéressés, soit qu'ils l'aient donné en numéraire, soit qu'ils l'aient fourni en rentes inscrites en leur nom.

Cette disposition nouvelle, ajoutée au projet de loi, tend

Que signifie cet article 15, qui défend de contracter, en nom collectif, une société relative à la propriété d'un journal, qui fixe à 5 seulement le nombre des associés ? Qu'importe à l'État qu'on se réu-

à détruire tous les journaux en général, si ce n'est ceux compris dans l'exception, savoir : les écrits périodiques consacrés aux sciences, aux arts et aux lettres, ainsi que les feuilles destinées aux affiches et annonces.

Il n'existe peut-être aucun journal assez riche pour être propriétaire de son cautionnement ; les entrepreneurs s'arrangent avec un tiers qui le fournit. Cette faculté, dont le Gouvernement n'a sans doute pas à se plaindre, et qui est assurément très-licite, va être enlevée par la loi nouvelle aux journaux qui se trouvent dans ce cas : il faudra, par conséquent, que chacun des intéressés apporte sa part dans le cautionnement ; s'il n'en a pas le moyen, ce qui arrivera au plus grand nombre, il perdra le prix de ses actions, et le journal cessera de paraître.

La rigueur est encore plus grande à l'égard des petits journaux jusqu'à présent affranchis du cautionnement ; ils vont être obligés d'en fournir un de leurs propres deniers, à peine de suppression.

Il est bien évident qu'une mesure aussi extraordinaire, qui tue une industrie permise, qui détruit une foule de petites propriétés, qui condamne à la misère sept à huit cents familles d'ouvriers, est faite en haine des journaux dont on ne veut plus, et non pour donner au Gouvernement un surcroît de garantie, car il ne gagne rien à ce que le cautionnement appartienne au journal plutôt qu'à un tiers, puisque dans les deux cas l'effet est le même à son égard.

nisse plus de cinq pour l'exécution d'une entreprise ? Quel mal en peut-il résulter ? Les journaux sont utiles à tout le monde ; le Gouvernement lui-même en a besoin, comme je le prouverai en son lieu ; il en permet l'existence, puisqu'il fait des lois pour les régir ; mais ces lois peuvent-elles s'étendre au-delà des bornes où commence le droit naturel ? S'entr'aider, ou par des conseils, ou par un travail, ou par de l'argent, pour faire valoir une industrie permise, c'est une action qui tient à la nature de l'homme, aussi bien que l'amitié, la pensée, la bienfaisance. Il est hors de toute puissance terrestre de la restreindre ou de la défendre. Nous sommes dix, nous sommes vingt, nous sommes cent, nous voulons nous associer, nous en avons le droit, comme nous avons celui de respirer (13).

Les articles 16 et 17, plus violens encore, déclarent valables, nonobstant toutes contre-lettres et stipulations contraires, tous actes, toutes conventions et dispositions relatifs à la propriété d'un journal, qui seraient faits par l'auteur ou les auteurs de la déclaration. Ces contre-lettres, ces stipulations seront nulles et sans effet envers toutes personnes, même envers les parties contractantes ; seront également nuls et sans effet, tous actes, conventions et dispositions consentis

---

(13) Cet article 15 est devenu l'article 12 de la Commission.

par des personnes autres que celles qui auront fait la déclaration. Rien n'est oublié comme l'on voit. Il faut garder le silence sur une législation qui offense la morale, consacre la mauvaise foi, déchire tous les contrats. De pareils articles se réfutent d'eux - mêmes; il suffit de les énoncer (14).

L'article 18 qui termine cette désolante série du chapitre 2 porte: Que toute poursuite pour délits et crimes commis par la publication d'un journal ou écrit périodique quelconque, sera dirigée contre les propriétaires de cet écrit périodique ou journal (15).

C'est toujours la suite, la conséquence déplorable du malheureux système établi par le projet de loi, d'épargner comme auparavant les véritables coupables, de faire tomber les peines sur ceux qui ne les ont pas encourues. Nous l'avons attaqué plus haut; nous revenons à la chargé pour l'attaquer une seconde fois, car, si les chambres maintiennent l'article 8, toute

---

(14) Ces articles 16 et 17 forment l'art. 13 de la Commission, lequel est ainsi conçu : *tous actes, toutes conventions et dispositions relatifs à la propriété d'un journal ou écrit périodique, faits par l'auteur ou les auteurs de la déclaration, seront valables, nonobstant toutes contre-lettres et stipulations contraires.* La Commission, comme l'on voit, n'a écarté que la disposition qui prononce la nullité des contre-lettres et stipulations, *même envers les parties contractantes.*

(15) Cet article 18 est devenu l'article 10 de la Commission.

liberté d'écrire et d'exprimer sa pensée par la voie des journaux est bannie de France.

Ce que nous avons déjà dit sur les propriétaires de feuilles périodiques, il n'y a pas à le démentir : tout le monde le sait. Ce sont des capitalistes qui ont placé des fonds dans une entreprise dont la spéculation a pour objet de ne compromettre qu'une très - petite somme en cas de non réussite, d'obtenir de gros bénéfices en cas de succès. La plupart de ces individus ne s'entendent ni en littérature ni en politique. Actionnaires d'un journal, ils ne savent ni comment ni à quelle heure on le compose, ni ce qu'on y met. Par conséquent, sur ce qu'on appelle crime ou délit, leur innocence est claire comme le jour. Les auteurs du projet de loi n'en doutent pas, puisque, pour aller au-devant de toute objection plausible, ils ont voulu écarter les femmes et les mineurs.

Changeons de thèse maintenant : argumentons *à contrario* ; supposons à ces spéculateurs assez de lumières pour exercer par eux-mêmes une surveillance, et voyons si cette surveillance est possible.

Qu'est-ce qu'un journal? On ne saurait mieux le comparer qu'à ces boîtes de la poste où chacun va déposer sa correspondance. Se commet-il dans un département un acte arbitraire ; s'agit-il d'une question d'ordre public; d'un discours prononcé à la tribune; d'une annonce importante et utile; s'est - il passé un événement remarquable; a-t-on été offensé ou op-

primé, c'est à un journal qu'on s'adresse. Ce journal
a un rédacteur qui, malgré le nom qu'on lui donne, ré-
dige peu. Ses principales fonctions consistent à mettre
en ordre les matériaux qu'on lui envoie, à retrancher ce
qu'il y trouve d'inutile, à faire un choix de ce qu'il y
voit de piquant, de propre à fixer l'attention. Ce rédacteur est toujours pressé; il révise à la hâte les articles qu'il a sous les yeux; souvent même, à défaut de
temps, il les admet de confiance; il prend dans les différens journaux qui lui viennent, un morceau d'un côté,
un morceau de l'autre, et parvient ainsi à rassembler
de quoi remplir huit colonnes. A l'épreuve, on corrige;
l'attention se porte sur les mots, rarement sur le sens
qui a souvent besoin d'être médité; il échappe quelquefois des hardiesses, des expressions qu'on aurait
dû adoucir ou changer. Voilà d'où naissent les articles
dénoncés aux tribunaux.

Ce que n'a pu ni su faire le rédacteur dont c'est le
métier, les actionnaires du journal le feront encore
moins. Ils ne seront plus que cinq; c'est très-bien.
Mais enfin, chacun de ces cinq étant individuellement
passible des peines et amendes, voudra revoir à son
tour les articles; il faudra passer toutes les nuits; on
épiloguera, on se disputera; le temps manquera aux
compositeurs, le journal n'arrivera point, les abonnés
ne seront pas servis et ne voudront plus souscrire.

Ainsi, toutes les dispositions du projet concernant
les journaux, se détruisent l'une par l'autre. Injus-

tices, violation de propriété, défenses contraires à toutes les lois existantes, mauvaise foi autorisée, conventions licites anéanties, femmes et mineurs dépouillés, exécution d'ailleurs impossible ; voilà ce que présente ce code repoussant dont nulle part on ne trouvera d'exemple.

L'article 19, qui commence le titre 2 , intitulé *des peines*, est effrayant ; on éprouve en le lisant un serrement de cœur involontaire. C'est une longue suite d'amendes de 5oo fr., 1,000 fr., 2,000 fr., 5,000 fr., 15,000 fr., 20,000 fr. Il n'y a pas de raison pour que le produit de cet article, s'il est exécuté, ne fasse entrer par mois deux millions de francs entre les mains du fisc, et pour que deux cents familles en France ne soient tous les quinze jours réduites à la mendicité. Le calcul en est simple : dix journaux seulement, à cinq propriétaires, s'ils sont condamnés pour les cas où l'on exigera 20,000 fr., donneront lieu à une recette d'un million de francs ; car le projet ne dit pas si les 20,000 fr. seront payés par les cinq propriétaires collectivement, ou si chacun séparément devra fournir la somme. Ajoutez à cela toutes les autres amendes qu'auront encourues les auteurs, imprimeurs et libraires, et vous verrez que je ne suis pas très-éloigné de compte (16).

-----

(16) C'est aujourd'hui l'art. 16 de la Commission qui a expliqué tous les cas, cité toutes les lois et ajouté quelques cas

Remarquez un contraste qui vous étonnera ; vous le trouverez dans l'art. 20 placé immédiatement ensuite du précédent. L'action la plus lâche, la plus vile qu'on puisse moralement commettre, l'action d'attaquer un homme vivant, dans sa vie privée, n'y est punie que de 5oo francs ; et un mot échappé à la mauvaise humeur, une simple allusion, une phrase mal interprétée peut-être, coûtera 15 ou 20 mille francs (17) !

·L'article 21 introduit dans le droit commun une innovation qui a ses dangers. Les tribunaux, jusqu'à présent, n'ont poursuivi les diffamations que sur la plainte du diffamé. Cet article 21 voudrait qu'à l'avenir, tout délit de diffamation commis envers les particuliers, pût être poursuivi d'office lors même que le diffamé aurait négligé de porter plainte (18).

L'excellence du motif peut-elle faire adopter l'article et justifier l'innovation ? rien n'est plus suscep-

---

d'amende omis apparemment dans le projet de loi. La Commission n'a pas trouvé que les peines mentionnées dans ce projet fussent suffisantes. Les amendes les plus élevées étaient fixées à 20,000 fr., elle les a portées à 3o,ooo.

(17) Cet article 20 est devenu l'article 17 de la Commission qui n'y a presque rien changé ; elle donne seulement au ministère public la faculté de poursuivre si bon lui semble. *Il pourra.*

(18) Voyez l'article 18 de la Commission, c'est le même, un peu modifié.

tible de controverse. Le silence qu'on garde sur un outrage reçu, vient du mépris ou de la crainte de mettre au grand jour des faits dont on aurait à rougir. Dans l'un comme dans l'autre cas, pourquoi aller au-devant du scandale? Laissez-le venir, il n'arrivera que trop tôt. L'individu outragé est seul capable de juger s'il lui convient de poursuivre ou de se taire, et le ministère public, en voulant le venger, lui rendrait souvent un fort mauvais service. Les calomnies ne marchent jamais sans accompagnement. La condamnation n'en efface pas les traces, et la malveillance est toujours disposée à croire que les faits reconnus faux sont des vérités non prouvées, surtout dans l'état actuel de notre jurisprudence qui, en pareille matière, n'admet pas l'agresseur à faire preuve en justice de ce qu'il avance.

Prenez garde aussi qu'on ne prenne pour diffamation les attaques dirigées contre un prévaricateur, et qu'on ne se fasse un prétexte de l'article 21 pour fermer la bouche à un opprimé, contre un fonctionnaire qui aurait abusé du pouvoir (19).

---

(19) La Commission borne la poursuite d'office au cas de la diffamation par la voie de l'impression, et cette poursuite n'aurait lieu que sur la demande, et avec l'assentiment de la partie lésée. Dans tous les cas, l'audience aurait lieu à huis clos. Pourquoi substituer à la plainte la simple demande ou l'assentiment? Pourquoi ne pas laisser à la justice son cours, d'après les formes ordinaires?

Tout imprimeur d'un écrit publié et condamné sera dans tous les cas responsable, civilement et de plein droit, des amendes, des dommages-intérêts et des frais portés par le jugement de condamnation. Tel est le texte de l'article 22.

Cette disposition, inouïe jusqu'à ce jour, semble faite en haine d'une profession qu'on voudrait détruire en ruinant par des exigences dangereuses tous ceux qui l'exercent.

Les devoirs de l'imprimeur se bornent à l'accomplissement de certaines règles prescrites pour tenir l'autorité toujours au courant de ce qui se passe dans une imprimerie, des ouvrages qui s'y impriment, ainsi que des noms et demeures de ceux qui font imprimer, afin que le pouvoir, averti suffisamment et en temps opportun, soit en mesure de poursuivre les délinquans et de les faire punir. L'imprimeur est punissable lui-même quand il s'écarte de ces règles ; mais s'il s'y est conformé, on n'a plus de reproches à lui adresser pour raison de ce qu'il a imprimé de bon ou de mauvais ; car, en ce qui concerne le contenu aux ouvrages, il est simple instrument, être passif et inattaquable. C'est là ce qui fut toujours pratiqué dans l'ancien régime comme dans le nouveau. Il n'existe pas de mode meilleur, plus raisonnable ; une expérience de trois siècles l'a consacré.

Le projet de loi manifeste aujourd'hui une toute autre pensée. La charte a proclamé la liberté de la presse, et il n'y a plus de censure; mais il veut la rétablir implicitement entre les mains de l'imprimeur, et, pour contraindre celui-ci à faire tant bien que mal l'office de censeur, il le rend dans tous les cas responsable des peines encourues par les délinquans. Ce moyen détourné est évidemment une violation de la charte; on doit le rejeter.

Abstraction faite des périls de tout genre dont on environne le nouveau rôle de censeur, périls dont l'ancien était dégagé, on trouverait commode sans doute d'en introduire l'exercice, et on s'efforce de le maintenir par toutes sortes de beaux raisonnemens qu'on croit sans réplique, quoique cependant ils ne vaillent rien.

On dit aux imprimeurs : vous examinerez les écrits avant de les imprimer; il vous sera bien facile de voir s'ils sont susceptibles d'être mis au jour sans danger.

Les imprimeurs répondent : pour examiner, il faudrait lire, et lire nous-mêmes, non pas en courant, mais à tête reposée; y revenir à plusieurs fois afin de bien saisir le sens de l'auteur quand son écrit est abstrait ou fortement pensé. Combien d'hommes en place, de grands fonctionnaires, signent tous les jours, faute de temps, des choses qu'ils n'ont pas lues? Et nous aussi, nous ne lisons pas faute de temps, car le temps nous manque encore plus qu'à personne. Nous sommes obligés de payer beaucoup de gens qui lisent à notre place; mais leurs lectures ne sont faites que pour indiquer les corrections, les fautes typographiques, et non pas dans une intention de critique ou de censure, car nous ne sommes ni les uns ni les autres en état de juger ; que si nous avions cette prétention folle, nous pourrions nous tromper, nous égarer, commettre des sottises qu'il faudrait payer 20,000 fr.

On dit encore : si vous êtes embarrassés, vous consulterez des amis , des hommes sages qui vous donneront de bons conseils.

Voilà sans doute, répliquent les imprimeurs, ces censeurs officieux dont vous nous avez parlé ; ils sont hommes et faillibles comme nous. Lequel d'entre eux voudra nous garantir que vous ne trouverez pas noir ce qu'ils auront trouvé blanc ? Et les auteurs, pensez-vous qu'ils consentent à nous écouter, à recevoir des leçons d'un imprimeur ? Quand nous verrons 20,000 fr. d'amende suspendus à un fil sur nos têtes, comme l'épée de Damoclès, nous deviendrons méticuleux ; notre ombre nous fera peur ; nous chicanerons ; nous ferons la guerre aux mots ; on nous laissera ; on ira chercher en d'autres pays des imprimeurs plus souples, plus accommodans ; ainsi , gardez votre censure, nous n'en voulons point ; misère pour misère, nous aimons mieux être ruinés en ne travaillant pas, que de suer sang et eau pour aller en prison et à l'hôpital (20).

____

(20) La Commission n'a point admis ces raisons en maintenant l'article ; elle a persisté à poser en principe la respon-

Il y a de quoi faire un in-folio sur cet article 22 ; il est si cruellement et si manifestement injuste, qu'on ne peut pas concevoir qu'il se trouve des hommes assez intrépides pour oser le soutenir ; la subtilité même n'a pas de prise ici ; elle reste confondue. Où sont les argumens contre ? La loi du 21 octobre 1814 ne parle que de contravention aux lois et réglemens , ce qui ne s'entend que de faits matériels , comme, par exemple , faire la déclaration et le dépôt, mettre au bas des impressions le nom et l'adresse de l'imprimeur ; remplir les autres formalités de consigne , dont l'inobservation n'est pas *délit,* mais *simple contravention.*

---

sabilité des imprimeurs ; elle a seulement ajouté que, suivant les évènemens, le tribunal pourrait les décharger de cette responsabilité.

La majorité, d'après M. le rapporteur, a été plus touchée de *l'avantage immense pour la société, de poser en principe la responsabilité de l'imprimeur.*

Où donc est cet *immense avantage ?* je ne l'aperçois point. Que gagnera la société à ce qu'il y ait un condamné de plus ? Le mal produit n'en sera pas diminué. Est-ce du mal à venir dont entend parler la Commission ? Elle se trompe sur tous les points. Et d'abord, elle admet l'impossible , en supposant qu'un imprimeur soit capable de lire par lui-même tous les manuscrits qu'on lui apporte , de n'y rien laisser échapper. Je le donne à tous les membres de la Commission, nous verrons s'ils sauront discerner le *quid deceat, quid non,* le *quò virtus, quò ferat error;* si les auteurs se laisseront ainsi mutiler ; s'ils céderont à des observations , à des craintes souvent chi-

L'article 24 de la loi du 17 mai 1819 dit *que les imprimeurs d'écrits, dont les auteurs seront mis en jugement, pourront être poursuivis dans les cas où ils auraient agi sciemment,* et renvoie à l'article 60 du Code pénal qui considère comme complices ceux-là qui ont, avec connaissance, aidé et assisté l'auteur de l'action coupable, dans les faits qui l'ont préparée ou facilitée.

Cette loi de mai 1819, il faut sans doute s'y conformer, mais elle a été faite par des hommes étrangers à l'imprimerie. On s'y est écarté des véritables principes.

---

mériques ; s'ils souffriront qu'on les empêche d'écrire comme ils pensent. Tout cela est bon à dire dans le cabinet; et encore, voit-on que les membres de la Commission n'y ont pas été d'avis unanime, qu'il y a eu divergence dans leurs sentimens.

Qu'arrivera-t-il de la responsabilité? tout le contraire de ce qu'ils en attendent. La presse ne sera plus libre; les imprimeurs, craignant qu'on ne les ruine par des amendes de 30,000 fr., ne voudront plus imprimer, pas même un mandement, puisqu'il y en a déjà eu un d'incriminé ; l'imprimerie ira dans l'étranger pleurer son veuvage ; les auteurs la suivront, et leurs ouvrages reflueront en France pour y circuler sous le manteau. La Société aura-t-elle gagné, lorsque, par suite d'une crainte pusillanime, aucun particulier ne pourra plus faire publier ses opinions sans trouver sur ses pas un censeur incommode, un contradicteur ignorant ou peureux, toujours prêt à discuter sur la pointe d'une aiguille ? Ce n'est pas là le langage que tenaient, il y a quelques années, les plus chauds partisans du projet de loi.

Un imprimeur n'est jamais censé avoir agi sciemment :
si l'on admet un seul cas, où il puisse pour cela de-
venir coupable, on étendra ce cas à une infinité d'autres ; d'encore en encore on lui fera un crime d'avoir
imprimé des écrits contraires aux idées dominantes, ou
même à ses propres opinions ; on l'emprisonnera, on
le ruinera, on le fera mourir comme il est arrivé du
temps de la Ligue et de la Terreur. Un imprimeur n'a
pas le droit de refuser ; il est tenu de prêter son
ministère aux personnes qui le réclament, de la même
manière qu'un boulanger est tenu de vendre du pain à
ceux qui lui en demandent. Si par caprice, par crainte,
par condescendance, les imprimeurs s'entendaient
tous pour ne pas imprimer les ouvrages de certaines
gens, la presse cesserait d'être libre.

Dans l'ancien régime, après la censure d'un manuscrit, l'auteur, en payant, pouvait forcer un imprimeur à travailler sur ce manuscrit.

La loi de mai 1819 a renvoyé mal à propos à l'article 60 du Code pénal. L'application est fausse. Un
imprimeur ne doit pas plus répondre de l'abus qu'on
a fait de ses presses, qu'un marchand, du meurtre commis avec les instrumens qu'il aurait vendus à l'assassin.

Cet article 24 de la loi du 17 mai 1819 est déplorable ; il sert de prétexte au projet de loi d'aujourd'hui,
projet dans lequel, au lieu de conserver le droit, sauf
à punir l'abus, on détruit le droit pour atteindre l'abus.

Sans doute qu'un imprimeur honnête doit s'abstenir

des obscénités, de tout ce qui blesse directement les
bonnes mœurs, la majesté divine, celle du souverain
et de son auguste famille, mais il y a encore là-dessus
tant de nuances, on peut tirer tant d'interprétations, et
tant de gens sont disposés à trouver en certains cas des
outrages où il n'y en a point, que dans ces matières on
doit s'en rapporter à la discrétion de l'imprimeur, et
pour l'honneur des principes, on doit penser que s'il
y a eu faute, c'est parce qu'il s'est trompé, parce qu'il
a manqué de discernement.

Qu'on traite tant qu'on voudra ces raisonnemens de
paradoxes, je n'y vois pas moins des vérités positives,
irréfragables, ou bien la presse n'est pas libre.

Le 23e et dernier article se réfère aux lois antérieures
qui ne sont pas contraires, et en maintient l'exécution.
On ne le croirait pas susceptible de réflexions; il y en
a cependant une très-importante à faire, c'est qu'au lieu
de conserver ces lois antérieures, il faudrait en refaire
plusieurs en tout ou partie, et les rendre plus claires,
notamment en ce qui est relatif aux timbres des
ouvrages de ville, aux procès de tendance, aux objets
où l'imprimeur peut se dispenser de mettre ses nom et
adresse, tels que, par exemple, les cartes, les têtes de
lettre, les factures, les billets de mariage et autres
bagatelles semblables. Il importe de tout préciser, afin
que les imprimeurs et ceux qui les emploient sachent
à quoi s'en tenir, et ne soient plus exposés à être
punis ou inquiétés à l'occasion de choses qu'ils n'ont

pas comprises, parce qu'elles sont trop obscures, omises ou mal désignées.

RÉFLEXIONS GÉNÉRALES

ET

RÉSUMÉ DE LA DISCUSSION PRÉCÉDENTE.

J'ai discuté le projet de loi, article par article, et je pense avoir donné une idée juste de son ensemble sans être sorti des bornes de la plus honnête argumentation. Mon travail n'est pas complet ; je le sens. C'est un canevas que je livre aux orateurs des deux Chambres ; ils y ajouteront ce que j'ai omis, et l'occasion ne leur manquera pas d'y faire briller leur éloquence.

Il me reste cependant une dernière tâche à remplir : j'ai mis en avant certaines assertions dont les développemens méritent une place à part, et j'ai cru devoir les reporter ici.

Sur l'article 1er, j'ai soutenu qu'il ne convenait pas de bouleverser l'imprimerie et la librairie, de ruiner tous les états qui en dépendent pour arriver à la petite et inutile satisfaction de saisir jusqu'au dernier exemplaire d'une édition incriminée. J'ai dit en d'autres termes, mais dans le même sens, qu'il était sage de fermer les yeux sur des abus compensés par un bien de beaucoup supérieur au mal qu'on en pourrait

craindre. Je vais m'expliquer, afin qu'on ne m'accuse
pas d'avancer des erreurs ou d'approuver des excès.

Quelque dangereux qu'on suppose un ouvrage poursuivi par les tribunaux, les exemplaires échappés à la
saisie ne sont jamais en grand nombre, ou du moins
c'est extrêmement rare. On les vend cher; il n'y a
que les curieux et les curieux riches en état de les
acheter; par conséquent, ils ne passent pas dans les
mains de la multitude.

Ces restes d'éditions, quoique flétris par la justice,
ne le sont pas toujours dans l'opinion; ils intéressent
l'histoire ; ils font connaître l'esprit d'une époque ;
s'ils contiennent des erreurs, on y trouve quelquefois
des vérités enfouies, des anecdotes précieuses, des
découvertes oubliées, des crimes cachés; les publi-
cistes et les hommes d'État en ont besoin pour juger
les événemens, saisir le fil des intrigues qui les ont
amenés, et y puiser des règles de conduite. Il n'y a
pas même de livre impie ou hétérodoxe qui ne soit
utile aux théologiens pour combattre les hérésies et
défendre les saines doctrines. On conserve dans les bi-
bliothèques les ouvrages des plus fameux sectaires ;
la collection des écrits de la révolution, quoiqu'il y
en ait d'atroces, est un monument que tous les jours
on consulte avec fruit ; et si tous les ouvrages défen-
dus avaient été entièrement détruits, on n'aurait plus
que des traditions incertaines, des documens tron-
qués. Il ne faut pas se le dissimuler, les Gouvernemens

ont leurs écarts comme les peuples ; les opinions changent avec les ministres, avec les règnes, avec les
circonstances, et des livres, criminels aujourd'hui,
peuvent être admirés demain. Il est donc utile qu'ils
ne périssent pas tous, afin que la postérité s'éclaire
par les torts mêmes du pouvoir et des écrivains.

Ceci me ramène à ce que j'ai avancé à l'occasion de
l'art. 5, qu'en général on faisait trop attention à ce
qu'on appelle mauvais livres. Voici une remarque
dont la justesse est frappante, et qui se confirme tous
les jours ; c'est que plus un ouvrage est attaqué, plus
on le met en vogue ; ce qui met en doute la question
de savoir s'il ne vaudrait pas mieux donner aux productions de la presse, liberté pleine et entière. On
y songerait beaucoup moins ; la plus grande partie
mourrait de sa belle mort. On fait d'ailleurs tant de
livres aujourd'hui qu'on ne peut pas les acheter tous,
ni même les lire. Chacun veut avoir une bibliothèque,
personne n'y regarde.

La pire de toutes les raisons d'État est celle qui
consiste à défendre. On s'en aperçoit dans les grandes
réunions, au spectacle surtout. Demande-t-on *Tartufe*, par exemple ? Donnez-le ; on le jouera tranquil-
lement. On l'applaudira ? Laissez applaudir ; le bruit
ne sortira pas de la salle. Si vous refusez *Tartufe*,
vous remuez toutes les biles, vous servez à souhait les
perturbateurs, et vous créez des coupables.

Lorsque la publication d'un livre n'est suivie d'aucune voie de fait, comme il arrive presque toujours, l'autorité n'est pas en péril. C'est avec de l'argent qu'on soulève le peuple ; jamais avec de misérables. brochures. Pourquoi tant s'alarmer de celles en circulation? Elles n'ont pas affaibli le Gouvernement, puisque tous les jours il augmente en force et en puissance.

' Quant aux croyances, vraies ou fausses, il faut les respecter sans distinction d'aucune ; et cependant, toutes les fois qu'on parle de croyance, on entend toujours la religion dominante. On l'attaque, dit-on, dans ses ministres. Mais la religion et ses ministres sont deux choses différentes. Les ministres qui suivent franchement les saintes maximes de la religion sont aimés, respectés, honorés. Jusqu'à présent, on n'a blâmé que ceux qui lui portent atteinte par des excès, par un zèle mal entendu, par des austérités qu'elle ne commande point ; que ceux qui la défigurent et en font un culte particulier, en y mêlant certaines doctrines ultramontaines qu'elle a proscrites déjà comme attentatoires aux libertés de notre Eglise gallicane.

La religion, purgée de ces doctrines, est en effet la seule religion dominante en France, la seule dont on puisse souffrir et protéger le culte extérieur ; suivons-la donc, et suivons-la telle que nous l'ont transmise nos pères, telle que nous l'ont enseignée Bossuet, Fénélou, Fléchier, Bourdaloue, Massillon, tous les prélats, tout le clergé de France, sous le règne dévot de Louis XIV.

Ne nous mêlons pas surtout de ces querelles dangereuses qui ont ébranlé tant de fois les empires. Jetons les yeux sur les états du monde civilisé ; partout où l'on a le malheur de gêner les consciences, partout où on les opprime par des contraintes, on ne voit que misère, ignorance, abrutissement, brigandage, dissolutions ; mais là où la pensée est libre, où l'on ne s'effraie ni d'un mot, ni d'une opinion, où l'on ne traite personne d'impie, le Gouvernement trouve un ami, un défenseur dans chaque citoyen ; la paix règne en dépit des brouillons ; les mœurs se maintiennent pures, la richesse nationale augmente ; le commerce, l'industrie, les sciences prospèrent, et concourent au bonheur des habitans.

Au sujet de l'article 14, j'ai dit que les journaux étaient nécessaires, tout le monde en convient ; ils charment nos loisirs ; ils sont les messagers du Commerce, les porte-voix du Gouvernement, et ils méritent sous beaucoup d'autres rapports une protection spéciale. La malignité, il est vrai, est de leur essence ; n'importe, on la leur pardonne, parce qu'elle les rend piquans. Comme il faut, pour y travailler, beaucoup d'esprit et de talent, c'est avec eux que les écrivains s'exercent à la polémique ; ils y forment leur style, ils s'y habituent à une rédaction élégante et facile.

Les journaux mentent, parce que souvent on les a mal informés, le temps leur manque pour aller aux sources, et ils se rétractent dans mainte occasion ; mais ils disent aussi des vérités importantes , ils éclairent les discussions des chambres ; ils signalent au pouvoir les prévarications , les négligences de ses agens ; ils lui révèlent des faits qui , sans eux , resteraient cachés , ensevelis dans le silence officieux des fonctionnaires subordonnés , et ce n'est pas là un léger service.

Leurs colonnes offrent de temps en temps des analyses littéraires d'un grand intérèt , des dissertations politiques traitées savamment et avec une rare sagacité.

S'ils exagèrent , on sait toujours bien à quoi s'en tenir , et l'on fait justice des exagérations. Il y a bien quelque chose à reprendre dans la véhémence de certains articles qui seraient mieux lus , mieux sentis , qui persuaderaient davantage , si l'on y trouvait plus de calme ; mais le mal n'est pas grand ; on en parle un jour ou deux , et le surlendemain on n'y pense plus. Leurs diatribes sont dirigées ordinairement sur les hommes du pouvoir , sur les hauts fonctionnaires qui vont toujours leur train et ne changent pas pour cela d'allure. Les plus grands ministres ont eu des ennemis dans tous les temps , ceux d'aujourd'hui en ont également ; ceux à venir en auront aussi ; c'est le sort des gens en place ; il faut s'y attendre , et l'on doit s'y résigner en France comme partout.

Quant aux calomnies , aux diffamations , la plupart du temps elles viennent du dehors ; le coup n'en est pas aussi funeste dans un journal que dans un salon : on peut les repousser du moins , et le journal est obligé d'insérer la réponse. Le public, d'ailleurs, ne fait pas ordinairement beaucoup d'attention à ces sortes d'injures, quand il les trouve là. C'est tout différent dans un salon ; l'honneur, la fortune, les talens d'un homme y sont attaqués sans qu'il puisse les défendre. S'il a une confiance, on la lui retire ; s'il possède un emploi, on le destitue : le voilà déshonoré, ruiné, perdu de réputation.

Qu'on lui demande pourquoi ; il n'en sait rien : souvent il succombe sous les calomnies d'un envieux, d'un ennemi obscur, d'un intrigant avide qui a voulu le supplanter.

Quelle influence peuvent avoir sur la chose publique des querelles de particuliers ? l'incendie est dans Rome et vous vous occupez d'un feu de cheminée ! Laissez aux offensés le soin de se défendre ; qu'ils demandent vengeance aux tribunaux, leurs débats ne sont point des affaires d'État. Si l'attaque d'un journaliste est un malheur, il arrive à bien peu de personnes ; faut-il pour cela mettre en rumeur tout le reste de la société, et parce qu'une tuile m'est tombée sur la tête, est-ce le cas d'abattre les toits de nos maisons ? En somme totale, on trouvera dans la législation existante beaucoup plus de moyens qu'il n'en faut pour arrêter les journaux dans leurs écarts ; abandonnez-les à la sévérité intègre et clairvoyante de la magistrature. Lisez la charte, lisez l'article 76 de la loi du 28 avril 1816, l'article 40 de la loi du 25 mars 1822, méditez toutes les autres lois sur cette matière, et vous verrez que les journaux ont des droits. On ne saurait les approuver quand ils en usent immodérément ; mais du moins il y a jusque dans leurs excès un point d'utilité très-éminent qu'on chercherait vainement ailleurs. On les redoute même quand ils ont tort ; n'est-ce pas un véhicule pour se conduire de manière à ne leur jamais donner raison ? Leur police est franche ; elle marche à découvert ; aussi vigoureuse de près que de loin, elle a des yeux partout, et cependant elle profite au trésor au lieu de lui coûter. Toute en paroles, c'est une sentinelle qui crie : *Qui vive !* et ne tire point. La police d'un gouvernement, bien autrement sévère, coûte beaucoup, quoiqu'elle se trompe aussi. Sa force diminue à mesure qu'elle s'éloigne du point central. Erreur ou non, elle ne parle pas, elle agit ; et ce qui la rend plus terrible, elle agit provisoirement. C'est une sentinelle comme celle dont je parlais tout à l'heure, excepté qu'avant de crier le *qui vive*, elle tire, blesse et quelquefois tue. Est-ce donc la mort qu'on réserve aux journaux ? Dieu veuille que cette défense ne soit pas un discours prononcé sur leur tombe.

FIN.